NATIONAL GEOGRAPHIC

Peldaños

EDIFICIO EMPIRE STATE

MARAVILLAS ESTADOUNIDENSES

LA OCTAVA MARAVILLA DEL MUNDO

por Hugh Westrup

Imagina que estás de pie sobre una viga de acero angosta sobre la ciudad de Nueva York. Tienes en tus manos una remachadora, una herramienta que se usa en la construcción. Una viga grande se balancea por el aire sobre ti mientras te agachas. No tienes casco para protegerte la cabeza. No hay cuerdas de seguridad que eviten que caigas. Hay más de mil pies hasta la calle.

Los trabajadores ya habían hecho trabajos peligrosos antes del año 1930, pero este trabajo era especialmente riesgoso. Estaban construyendo el **rascacielos** más alto del mundo en esa época. Un rascacielos es un edificio que es tan alto, que parece que "rasca" el cielo.

Dos neoyorquinos soñaban con construir este **hito**. Al Smith era el gobernador del estado de Nueva York. John Jakob Raskob era un rico hombre de negocios. En un breve período, estos dos hombres pudieron planificar, recaudar el dinero y comenzar la construcción de un edificio gigante. Lo construyeron en la esquina de la Quinta Avenida y la calle Treinta y cuatro, en el centro de Nueva York.

UN RASCACIELOS ES TAN ALTO, QUE PARECE QUE "RASCA" EL CIELO.

La gente llamaba al edificio Empire State la "octava maravilla del mundo". ¿Por qué? Era más alto que cualquier estructura hecha por el hombre.

La década de 1920 fue una época de crecimiento en los Estados Unidos. En Nueva York se construían edificios cada vez más altos. En el año 1930, el rascacielos más alto era el edificio Chrysler, que pertenecía a la compañía de automóviles Chrysler. Pero no iba a ser el rascacielos más alto por mucho tiempo.

John Jakob Raskob había sido uno de los jefes de General Motors, uno de los rivales de Chrysler. Raskob no quería que Chrysler lo superara. Quería que su rascacielos fuera aún más alto que el edificio Chrysler. Lo llamaría edificio Empire State. Eligió ese nombre porque uno de los sobrenombres de Nueva York es Empire State (el estado-imperio). El sobrenombre conmemora la importancia del estado en los Estados Unidos y en todo el mundo.

Raskob y Smith se movilizaron rápidamente, y eso fue algo bueno. Cuando el proyecto comenzó en el año 1930, la economía estaba desplomándose. Los negocios cerraban y los bancos caían en bancarrota. Millones de estadounidenses perdieron su trabajo y sus ahorros. Era una época difícil en todo el país. Esto fue el comienzo de la **Gran Depresión**.

Pero la construcción del edificio Empire State continuó. Era un proyecto arriesgado para sus 3,400 trabajadores de la construcción. Muchos de ellos trabajarían a una altura que jamás habían trabajado. Necesitaban coraje y nervios de acero. Con frecuencia, no había equipos de seguridad que los protegieran. Pero el proyecto les ofrecía un sueldo en momentos económicos difíciles.

> Este valiente e inmutable trabajador saluda a la cámara a una gran altura sobre la ciudad.

Esta es una vista del edificio Empire State durante la construcción. Puedes ver la estructura de acero en la parte superior. Se necesitaron aproximadamente 57,000 toneladas de acero para construir la estructura.

Multitudes de gente se reunían todos los días para observar cómo se elevaba el edificio Empire State. Las estrellas del espectáculo eran los trabajadores que armaban el esqueleto de acero del edificio. Tenían cargos como remachador, conector y personal de tierra. Cada uno hacía un trabajo diferente. Estos trabajadores no solo eran valientes y laboriosos, también tenían destrezas importantes.

> **PERSONAL DE TIERRA** Un trabajador del personal de tierra usaba un martillo neumático para romper la roca en la obra. Después de que los trabajadores de tierra quitaban toda la roca, construían los cimientos, o base de la estructura.

> **CONECTOR** Un conector trepaba por las columnas. Tomaba barras de acero pesadas que se balanceaban en las grúas. Empujaba las vigas para ponerlas en su lugar. Eso las dejaba listas para los remachadores.

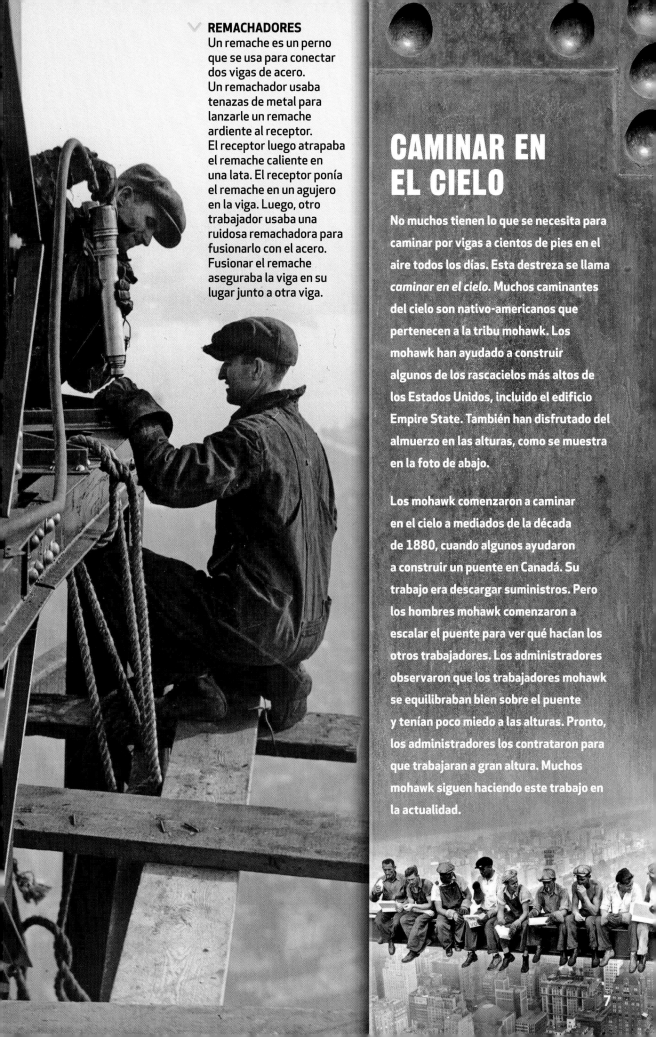

REMACHADORES

Un remache es un perno que se usa para conectar dos vigas de acero. Un remachador usaba tenazas de metal para lanzarle un remache ardiente al receptor. El receptor luego atrapaba el remache caliente en una lata. El receptor ponía el remache en un agujero en la viga. Luego, otro trabajador usaba una ruidosa remachadora para fusionarlo con el acero. Fusionar el remache aseguraba la viga en su lugar junto a otra viga.

CAMINAR EN EL CIELO

No muchos tienen lo que se necesita para caminar por vigas a cientos de pies en el aire todos los días. Esta destreza se llama *caminar en el cielo*. Muchos caminantes del cielo son nativo-americanos que pertenecen a la tribu mohawk. Los mohawk han ayudado a construir algunos de los rascacielos más altos de los Estados Unidos, incluido el edificio Empire State. También han disfrutado del almuerzo en las alturas, como se muestra en la foto de abajo.

Los mohawk comenzaron a caminar en el cielo a mediados de la década de 1880, cuando algunos ayudaron a construir un puente en Canadá. Su trabajo era descargar suministros. Pero los hombres mohawk comenzaron a escalar el puente para ver qué hacían los otros trabajadores. Los administradores observaron que los trabajadores mohawk se equilibraban bien sobre el puente y tenían poco miedo a las alturas. Pronto, los administradores los contrataron para que trabajaran a gran altura. Muchos mohawk siguen haciendo este trabajo en la actualidad.

El edificio Empire State originalmente iba a medir 1,050 pies de alto, lo que sería dos pies más alto que el edificio Chrysler. Entonces, Al Smith tuvo la idea de agregar una torre de 200 pies. Los visitantes podían aventurarse a la cima de la torre.

Tener una mejor vista no era el propósito principal de la torre. Smith esperaba que la torre fuera una estación de amarre. En la década de 1920, se pensaba que la aeronave del futuro sería el dirigible. Un dirigible es una aeronave grande a hélice. Tiene una cámara grande que se llena con gases que son más livianos que el aire que rodea al dirigible. Esto hace que la aeronave se eleve, como un globo lleno de helio. Muchos creían que los dirigibles serían más populares que los aviones.

Smith quería que la torre del edificio Empire State estuviera diseñada para que un dirigible pudiera conectarse a ella. Un dirigible se "estacionaría" en la cima de la torre. Los pasajeros descenderían por una escalera hasta la plataforma de observación y tomarían el ascensor para descender hasta la planta baja.

El plan de Smith nunca funcionó. Los vientos en la cima del edificio son demasiado fuertes para que aterrice un dirigible. Soplan en varias direcciones a la vez, por lo tanto, un dirigible conectado a la torre rebotaría como un globo de juguete. Al final eso no importó, ya que el dirigible nunca se popularizó como medio de transporte.

DIRIGIBLE

> Esta ilustración muestra el aspecto posible de un dirigible que se aproxima a la estación de amarre del edificio Empire State.

Los trabajadores "coronan" el gran rascacielos con una torre que mide 200 pies de alto.

El edificio Empire State se inauguró el 1 de mayo de 1931. Dos de los nietos de Al Smith cortaron la cinta inaugural. Esta es una manera en la que muchos celebran la inauguración de un edificio o negocio nuevo. Minutos más tarde, el presidente Herbert Hoover presionó un botón en la Casa Blanca, a 225 millas de allí, para encender las luces del edificio Empire State.

Un periódico lo llamó "La casa que construyó Smith", y se estaba convirtiendo rápidamente en la atracción turística más popular de Nueva York. Un total de 775,000 visitantes subieron hasta las plataformas de observación en ascensor el primer año. Todos los estadounidenses lo admiraban con orgullo, pero los neoyorquinos, en especial, estaban orgullosos. Habían construido el edificio más alto en tiempo récord, incluso durante momentos difíciles. Más tarde, ese mismo año, el diseñador del edificio Empire State, William F. Lamb, recibió una medalla de oro por su hermoso diseño.

En la actualidad, hay al menos 20 rascacielos más altos que el edificio Empire State, pero sigue siendo tan popular como siempre. Unos cuatro millones de personas lo visitan cada año.

1,250 pies

1,000 pies

750 pies

500 pies

250 pies

GRAN PIRÁMIDE
Giza,
Egipto
alrededor del año 2550 a. C.
481 pies

TORRE EIFFEL
París,
Francia
1889
984 pies

EDIFICIO EMPIRE STATE
Nueva York,
Estados Unidos
1931
1,250 pies

BURJKHALIFA
Dubai,
Emiratos Árabes Unidos
2010
2,717 pies

775,000 VISITANTES SUBIERON A LAS PLATAFORMAS DE OBSERVACIÓN EL PRIMER AÑO.

Turistas emocionados se amontonan en la plataforma de observación del edificio Empire State el día de la inauguración.

EN BUEN ESTADO

El edificio Empire State es uno de los sitios más famosos de Nueva York. Un equipo de personas se asegura de que el importante hito se mantenga limpio y en buen estado de funcionamiento. Los ascensores deben funcionar bien, el pasillo de entrada y los 102 pisos deben brillar, y todas las ventanas del edificio deben limpiarse bien.

¿Te imaginas si intentaras mantener limpias más de 6,500 ventanas del edificio Empire State? Es una enorme tarea que nunca termina. Todos los días, los trabajadores se suspenden de las paredes exteriores y limpian las ventanas. Según un limpiador de ventanas experimentado, a tres trabajadores les toma cuatro meses limpiar todas las ventanas. Una vez que terminan, es hora de comenzar de nuevo. Cuatro meses puede parecer mucho tiempo, pero solo imagina cómo sería si una sola persona tuviera que limpiar todas esas ventanas. ¡A ese limpiador de ventanas le tomaría todo un año terminar!

Este trabajador está sobre la torre del edificio Empire State. Está cambiando una bombilla en el faro de la torre. La luz brilla para marcar la cima del edificio, de manera que los pilotos de aviones puedan evitarla.

EL EDIFICIO EMPIRE STATE EN NÚMEROS

- **60,000** TONELADAS DE ACERO

- **200,000** PIES CÚBICOS DE PIEDRA CALIZA Y GRANITO

- **10** MILLONES DE LADRILLOS

- **730** TONELADAS DE ALUMINIO Y ACERO INOXIDABLE

- MÁS DE **6,500** VENTANAS

Los limpiadores de ventanas se conocían como "gorriones". Se los llamaba así por la manera en la que se posaban sobre los marcos de las ventanas. Solo se sostenían con los dedos de los pies y un cinturón de seguridad de cuero.

Compruébalo ¿Cómo ayudó la construcción del edificio Empire State a las personas que vivían en Nueva York durante la Gran Depresión?

¡HACIA ARRIBA!

por Elizabeth Massie

El edificio de diez pisos de Home Insurance, en Chicago, según los estándares actuales, no era muy alto. Pero cuando se construyó, en el año 1885, era el primer rascacielos del mundo. Inspirados en su altura, los constructores comenzaron a construir edificios cada vez más altos. ¿Por qué podían construir edificios más altos? Una razón importante fue el desarrollo de ascensores mejores y más seguros. Poca gente podía subir hasta la cima de un rascacielos por las escaleras.

A mediados del siglo XIX, en las fábricas se usaban ascensores simples para trasladar bienes de un piso a otro, pero no se subía gente. Los cables, o cuerdas de metal, que elevaban y descendían un ascensor podían romperse, y el ascensor podía desplomarse. Por esa razón, las personas temían subirse a los ascensores.

En el año 1852, Elisha Otis cambió todo. Inventó un freno para evitar que un ascensor se cayera si se rompía su cable. Otis demostró su freno en una **exposición**, o espectáculo público, en el año 1854. Se paró dentro de uno de sus ascensores. Otro hombre cortó el cable del ascensor con un hacha. El ascensor sólo cayó unas cuantas pulgadas antes de que el freno lo detuviera. El freno de Otis fue el origen de los ascensores más seguros a los que la gente no temía subirse. Eso significaba que los edificios podían ser más altos que nunca, ya que nadie tenía que subir por las escaleras. El edificio Empire State (1931) llegó a tener 102 pisos.

∧ La compañía de Elisha Otis instaló los ascensores en el edificio Empire State.

Este majestuoso ascensor está en el hotel Essex House, en Nueva York.

DESDE EL SUELO HACIA ARRIBA

Había un problema cuando Otis y su equipo planificaban los ascensores para el edificio Empire State. Podía tomar mucho tiempo llegar en ascensor desde la planta baja hasta el piso 102. Podía tomar incluso más tiempo si los pasajeros se subían y se bajaban en muchos pisos. El equipo resolvió el problema dividiendo los 68 ascensores de pasajeros **en bancos**, o grupos. Cada banco conectaba diferentes pisos. Los ascensores del grupo A iban hasta el 7.o piso. Los ascensores del grupo B iban del 7.o piso al 18.o piso. Para llegar a algunos pisos, se debía cambiar de ascensor.

CÓMO FUNCIONAN LOS ASCENSORES

La imagen de abajo muestra cómo la mayoría de los ascensores funcionan mediante una polea. Los cables de metal resistentes que están adheridos al ascensor rodean una rueda de polea. Un motor hace girar la rueda para hacer subir y bajar el ascensor. Un contrapeso en el otro extremo de los cables ayuda a que el ascensor suba o baje.

Un motor como este hace subir y bajar el ascensor con cables, o cuerdas de metal.

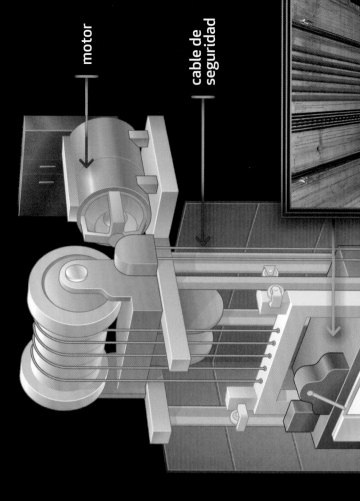

motor

cable de seguridad

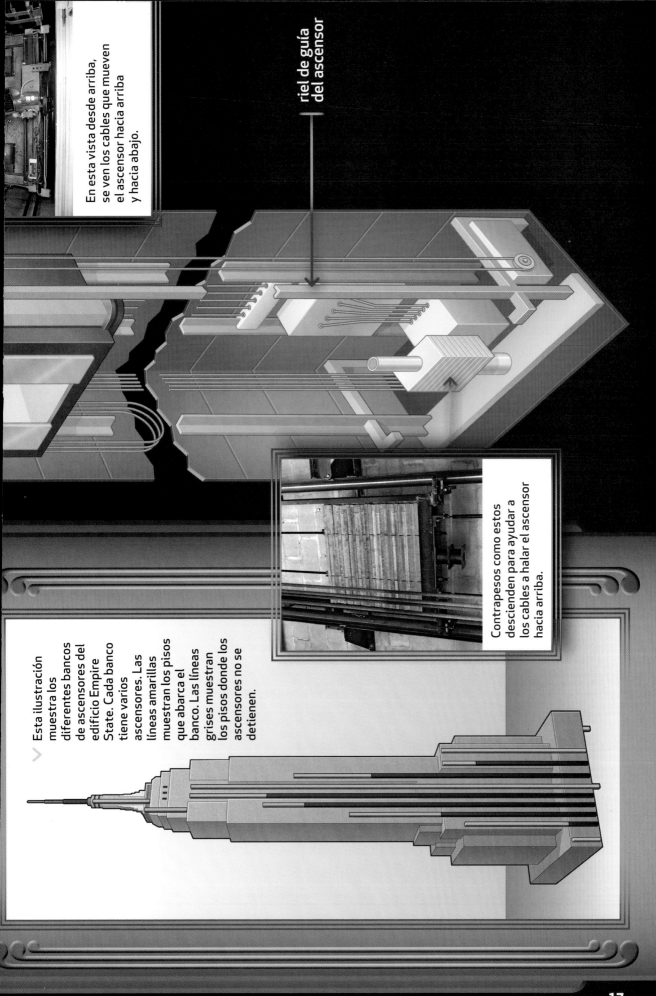

En esta vista desde arriba, se ven los cables que mueven el ascensor hacia arriba y hacia abajo.

riel de guía del ascensor

Contrapesos como estos descienden para ayudar a los cables a halar el ascensor hacia arriba.

Esta ilustración muestra los diferentes bancos de ascensores del edificio Empire State. Cada banco tiene varios ascensores. Las líneas amarillas muestran los pisos que abarca el banco. Las líneas grises muestran los pisos donde los ascensores no se detienen.

Ascensores del siglo XXI

En la actualidad, las personas se suben a ascensores hasta la cima del edificio Empire State para ver una panorámica de Nueva York. Las nuevas tecnologías han permitido con los años que los viejos ascensores se actualicen. Los ascensores modernos son más rápidos, seguros y cómodos.

Las nuevas tecnologías se han usado en los ascensores en todo el mundo. El ascensor de barcos de las Tres Gargantas, en China, eleva barcos que pesan hasta 3,000 toneladas. Los lleva sobre la represa de las Tres Gargantas para que puedan continuar su camino río arriba o abajo por el río Yangzi. El ascensor más rápido del mundo es el del Taipei 101 en Taiwán. Se desplaza a 3,313 pies por minuto. El primer ascensor de Otis solo iba a 40 pies por minuto. La torre CN en Toronto, Canadá, tiene un ascensor con paneles de vidrio en el piso. Desde la cima, los pasajeros pueden mirar 1,136 pies hacia abajo. Esa es la altura aproximada de siete Estatuas de la Libertad y media apiladas una sobre otra.

Los ascensores han cambiado mucho con los años. ¡Imagina lo diferentes que serán dentro de 100 años!

Los carros de esta fábrica alemana se guardan en estructuras de vidrio altas. Los trabajadores usan ascensores para poner los carros en su lugar y luego sacarlos.

Una escalera de vidrio envuelve parte de un ascensor de vidrio en esta tienda de Nueva York.

Compruébalo ¿Por qué las personas temían subirse a los ascensores? ¿Qué hizo Elisha Otis para que los ascensores fueran más seguros?

En la cima del

por Debbie Nevins

BIENVENIDO al piso 86 del edificio Empire State. Esta es la **plataforma de observación** principal. Desde el interior de esta habitación vidriada se puede ver todo, o salir a la pasarela que envuelve todo el edificio. Así, se puede mirar en todas las direcciones.

Estás en el corazón de la isla de Manhattan, la más famosa de las cinco secciones de Nueva York. Desde aquí arriba se pueden ver muchos sitios de interés con los **binoculares**. A veces incluso se pueden ver otros estados. En un día despejado, se puede ver Nueva Jersey, Connecticut, Massachusetts y Pensilvania.

Después, podemos subir a la plataforma del piso 102. Estaremos a casi un cuarto de milla en el cielo. Desde allí, se puede ver incluso más lejos. Hay 103 pisos en el edificio Empire State. El piso 103, casi en la cima de la torre, está lleno de equipos de radio y televisión. No se permiten visitantes.

MUNDO

∧ Esta es la pasarela al aire libre en el piso 86 del edificio Empire State. Desde aquí los visitantes pueden tomar fotos de la ciudad.

VISTA NORTE

N
O · E
S

RÍO HUDSON

EL PARQUE CENTRAL es un bello lugar para escapar del ruido de la ciudad. Tiene más de 150 años y fue el primer parque público de los Estados Unidos. El parque tiene 843 acres de caminos, prados, estanques y bosques. Tiene zonas de recreación, pistas de patinaje y piscinas de natación. También tiene un carrusel, un castillo e incluso un zoológico. Y todo está en el medio de Nueva York.

EL RÍO EAST separa la isla de Manhattan de Brooklyn y Queens, que son parte de Nueva York. Siete puentes para carros y un puente ferroviario cruzan el río. Trece túneles de carros, subterráneos y ferroviarios pasan bajo el río.

PUENTE QUEENSBORO

Manhattan se encuentra entre el río Hudson al oeste y el río East al este. Un puente que cruza el río East es el puente Queensboro, que va de la isla de Manhattan a Queens. Estos ríos tuvieron un papel importante en hacer que Nueva York se convirtiera en una ciudad importante. Antes de que existieran los aviones y los camiones, las mercancías de todo el mundo se transportaban en barco por estos ríos. Nueva York era el centro de la compra y la venta de mercancía en la Costa Este.

RADIO CITY MUSIC HALL
Es el teatro más grande del mundo y es un lugar perfecto para ver conciertos, obras de teatro y otros eventos. Está ubicado en el Rockefeller Center y es popular entre los turistas. Muchos músicos conocidos han ofrecido espectáculos en el Radio City Music Hall, pero su atracción principal quizá sea su hermoso diseño.

LA ESTACIÓN GRAND CENTRAL
es majestuosa en tamaño y belleza. Los trenes han pasado por aquí durante 100 años. Ya no es la estación de trenes más concurrida de los Estados Unidos, pero aún es la más grande. Hay más plataformas de trenes en la Estación Grand Central que en cualquier otra estación de trenes de la Tierra.

EDIFICIO DE LAS NACIONES UNIDAS

ISLA ROOSEVELT

RÍO EAST

EL EDIFICIO CHRYSLER es uno de los edificios más conocidos del paisaje urbano de Nueva York. Arcos brillantes decoran la cima del edificio. Construido en el año 1930, es un ejemplo perfecto del estilo art deco que era popular en esa época. En el estilo art deco se usan líneas que fluyen suavemente, ángulos pronunciados y ornamentos como los triángulos y el papel tapiz.

EL EDIFICIO FLATIRON ha sido protagonista de muchas pinturas, dibujos y fotografías desde que se construyó en el año 1902. ¿Por qué tiene esa forma? Debía caber en una cuña de tierra en la Quinta Avenida y Broadway. Este edificio de 22 pisos mide solo unos seis pies de ancho en su punto más angosto.

BROADWAY

QUINTA AVENIDA

Gracias por visitar hoy el edificio Empire State. ¿Sabías que el gobierno convirtió al edificio Empire State en Hito Histórico Nacional? Eso significa que es uno de los sitios de interés más importantes de los Estados Unidos. De hecho, es una maravilla estadounidense.

ESTATUA DE LA LIBERTAD Una pequeña isla en el puerto de Nueva York es el hogar de la Estatua de la Libertad. La estatua, conocida como la "Dama de la Libertad", es un sitio de bienvenida a los barcos que llegan. El nombre real de la estatua es "La libertad iluminando el mundo". Fue un obsequio de Francia en el año 1886. Los turistas tienen una magnífica vista desde la plataforma de observación en su corona.

ONE WORLD TRADE CENTER, O TORRE DE LA LIBERTAD

Terminado en el año 2013, el One World Trade Center se eleva donde antiguamente se encontraba el World Trade Center, o "Torres Gemelas". Las torres gemelas eran los edificios más altos de Nueva York hasta que fueron destruidas en un ataque terrorista el 11 de septiembre de 2001. El One World Trade Center, también llamado Torre de la Libertad, se eleva 1,776 pies. Con esa altura, es el edificio más alto de los Estados Unidos. Fue precisamente en el año 1776 que los Estados Unidos declararon su independencia.

Compruébalo   Describe algunas de las vistas famosas que pueden verse desde la plataforma de observación.

GÉNERO Ensayo fotográfico

Lee para descubrir sobre las películas que han presentado al edificio Empire State.

El Empire State va a

por Debbie Nevins

¡EL EDIFICIO EMPIRE STATE ES UNA ESTRELLA DE CINE! APARECIÓ EN MÁS DE 250 PELÍCULAS DE TODAS LAS ÉPOCAS. AQUÍ HAY UNAS CUANTAS QUE QUIZÁ HAYAS VISTO.

En *Percy Jackson y el ladrón del rayo* (2010), Percy Jackson es un adolescente que descubre que es hijo de un dios griego. En la cima del Edificio Empire State, Percy conoce a Zeus, el rey de los dioses griegos. Zeus acusa al niño de robarle su rayo. Percy emprende una **búsqueda** para limpiar su nombre, y su búsqueda lo lleva a las tierras de otros dioses griegos. Al final de la película se encuentra de nuevo en la cima del Edificio Empire State.

En *Elf* (2003), Buddy, el elfo viaja a Nueva York para buscar a su padre. Cuando lo encuentra, lo acompaña a su oficina en el edificio Empire State. Buddy se queda impresionado por los cielos altos y el gran mural del pasillo de entrada.

∧ El actor Will Ferrell personificó a Buddy, el elfo.

28

Hollywood

Logan Lerman interpretó a Percy Jackson en la película del año 2010, *Percy Jackson y el ladrón del rayo.*

En junio de 2012, el edificio Empire State se iluminó de rojo y azul para elogiar la película *El asombroso Hombre Araña.* Se eligió el rojo y el azul porque son los colores del traje del Hombre Araña. La película se ambienta en Nueva York, y los espectadores pueden divisar el edificio Empire State cuando el Hombre Araña se columpia a través de la ciudad.

La escena más famosa con el edificio Empire State se encuentra en la película *King Kong*. Esta escena ayudó a convertir al edificio en un símbolo de Nueva York y los Estados Unidos.

Un grupo de personas encuentra a King Kong, un gorila enorme, en una isla remota. Lo capturan y lo llevan a Nueva York. Lo encadenan y lo **exhiben**, o lo muestran al público en el centro de Manhattan. Pero King Kong se libera y trepa hasta la cima del edificio Empire State.

La película se estrenó en el año 1933, dos años después de que se terminara la construcción del edificio. Fue un gran éxito. *King Kong* aún es famoso. La película se hizo de nuevo en el año 1976 y otra vez en el año 2005. La película *Parque jurásico* (1993) incluso copia algunas ideas de *King Kong*. King Kong apareció en avisos publicitarios televisivos de refrescos y pilas. Y el simio del vídeojuego Donkey Kong se parece un poco a King Kong.

King Kong muere sobre el edificio Empire State en la película del año 1933, *King Kong*.

Esta es una escena de *King Kong*. Observa con atención. ¿Qué le falta al edificio Empire State? La antena no se agregó hasta el año 1950.

Compruébalo ¿De qué manera puede un edificio ser un personaje de una película?

Comenta

1. ¿Qué conexiones puedes hacer entre los cuatro artículos de este libro? ¿Cómo crees que se relacionan los artículos?

2. ¿Cómo habría sido estar de pie sobre la acera en Nueva York en el año 1930 y observar cómo los trabajadores construían el edificio Empire State? Basándote en las descripciones de los artículos, ¿cómo te sentirías si estuvieras viendo esto?

3. ¿Cómo han cambiado los ascensores la manera en la que se vive y se hace negocios?

4. El edificio Empire State ya no es el rascacielos más alto del mundo. ¿Crees que aún es muy popular entre los visitantes de Nueva York?

5. ¿Qué más te gustaría saber sobre el edificio Empire State? ¿Qué harías para saber más?